Manfred Mai

WARUM Geschichten

VOM TRAURIGSEIN

Zeichnungen von Dagmar Geisler

Loewe

Die Deutsche Bibliothek – CIP-Einheitsaufnahme

Mai, Manfred:
Warum-Geschichten / Manfred Mai.
Zeichn. von Dagmar Geisler.
– Bindlach : Loewe.
Vom Traurigsein.
– 1. Aufl. – 1996
ISBN 3-7855-2898-1

Dieses Buch ist auf chlorfrei gebleichtem Papier gedruckt.

ISBN 3-7855-2898-1 – 1. Auflage 1996

Umschlagillustration: Dagmar Geisler
Umschlagkonzeption: Karin Roder
Satz: Fotosatz Leingärtner, Nabburg
Gesamtherstellung: L.E.G.O. S.P.A., Vicenza
Printed in Italy

Inhalt

Warum bekommt Axel kein neues Fahrrad?

Axel sitzt auf einem Blumentrog im Schulhof. Er schaut ein paar Jungen zu, die mit ihren tollen Rädern über den Schulhof brausen. Sie spielen Fangen, fahren Slalom zwischen den Blumentrögen, machen Wettrennen und probieren verschiedene Kunststücke aus.

Daniel aus der dritten Klasse schafft es sogar, ein paar Meter auf dem Hinterrad zu fahren. Das möchte Axel auch können. Aber er hat ja nicht mal ein richtiges Fahrrad. Mit dem alten Mädchenrad seiner Schwester kann er keine Kunststücke machen. Das hat nur eine gewöhnliche Dreigangschaltung. Um richtig fahren zu können, braucht man mindestens fünfzehn Gänge. Das meint jedenfalls Axel.

„Los, wir zischen ab!“ ruft Daniel plötzlich.

Die Jungen rasen mit Vollgas auf die Treppe zu. Erst im letzten Augenblick bremsen sie ab und fahren die Treppe hinunter. Dabei werden sie ganz schön durchgerüttelt.

Axel schaut ihnen sehnsüchtig hinterher. Dann trottet er nach Hause.

„Mama, ich möchte ein Fahrrad“, sagt er.

„Du hast doch eins“, antwortet Mama.

„Aber kein richtiges“, murmelt Axel.

„Du, Axel, darüber haben wir doch schon mal geredet. So ein Fahrrad, wie du dir eines wünschst, ist doch nichts für dich“, meint Mama.

„Aber alle andern haben auch so eins“, behauptet Axel. „Warum kriege ich dann keins?“

Mama schüttelt den Kopf. „Das stimmt nicht. Nicht alle haben so ein teures Rad. Und selbst wenn alle eines hätten, würde ich dir keines kaufen. Jedenfalls jetzt noch nicht.“

„Warum nicht?“

„Schau mal, Axel“, antwortet Mama. „Zum Geburtstag hast du einen Walkman bekommen, und zu Ostern habe ich dir erst den Computer gekauft. Findest du nicht, daß das eine ganze Menge ist?“

„Ja“, sagt Axel zögernd. „Aber das ist doch schon so lange her.“

„Das finde ich nicht. Zwei Monate sind keine lange Zeit."

„Und wenn ich mein Geld aus dem Sparschwein dazugebe?" versucht Axel es noch einmal.

Mama wuselt ihm durchs Haar. „Das ist lieb von dir, aber darum geht es mir nicht. Manchmal muß man eben auf etwas warten, auch wenn es einem schwerfällt. Und manche Wünsche gehen überhaupt nicht in Erfüllung."

„Du verstehst mich nicht", sagt Axel. „Die anderen lachen mich doch aus. Bitte, bitte, Mama, kauf mir das Rad!"

Mama drückt Axel an sich. „Tut mir leid, Axel. Auch wenn du mich noch so lieb bittest, du bekommst vorerst kein neues Rad."

Da macht sich Axel los und läuft in sein Zimmer. Dort wirft er sich aufs Bett und weint.

Warum hat Jana das getan?

Katharina kommt aus Polen und wohnt mit ihren Eltern seit einem guten Jahr in einer kleinen Stadt in Bayern. Anfangs hatte Katharina große Probleme, sich in Deutschland zurechtzufinden. Sie konnte nur ein paar Worte Deutsch und verstand meistens nicht, was man von ihr wollte. Die Kinder in der Schule haben sie deswegen oft ausgelacht. Und eine Freundin hatte Katharina auch lange Zeit nicht.

Das änderte sich erst, als vor etwa vier Monaten eine rumänische Familie in die Nachbarwohnung einzog. Zu dieser Familie gehörte auch die neunjährige Jana. Und die war Katharina vom ersten Augenblick an sympathisch. Da Jana recht gut deutsch sprach, gab es keine Verständigungsprobleme, und die beiden Mädchen wurden schnell gute Freundinnen.

Daß es Katharina in Deutschland inzwischen besser gefällt, liegt auch an Sebastian. Wenn der in ihrer Nähe ist oder wenn sie an ihn denkt, wird es Katharina richtig warm, und in ihrem Bauch kribbeln mindestens tausend Ameisen. Manchmal ist das Kribbeln wunderschön, manchmal tut es aber auch ein wenig weh.

Über diese Gefühle muß Katharina unbedingt mit jemandem reden, sonst platzt sie noch.

„Du, Jana“, fängt sie an, als sie eines Nachmittags in Janas Zimmer Musik hören.

„Was ist?“ fragt Jana.

„Warst du … hast du schon mal einen Freund gehabt?“

„Schon viele“, antwortet Jana, ohne lange zu überlegen.

„Wirklich?“ Katharina wundert sich. „Ich meine aber nicht so einen Freund zum Spielen, ich meine einen …“ Sie stockt.

Jana guckt Katharina fragend an.

„Ich meine einen zum … zum Liebhaben“, sagt Katharina so leise, daß Jana sie kaum verstehen kann.

„Du meinst zum Küssen und so?“ fragt Jana und kichert.

„Ja – nein“, sagt Katharina, die ganz durcheinander ist. „Du verstehst gar nichts.“

„Bist du in einen verliebt?“ möchte Jana wissen.

Katharina schüttelt heftig den Kopf.

„Du lügst“, behauptet Jana. „Du bist verliebt. Soll ich raten, in wen?“

„Nein!“

„In Sebastian.“

„Sei still!“ schreit Katharina und versucht, Jana den Mund zuzuhalten.

Aber Jana lacht nur und stößt Katharina weg. Da hält es Katharina nicht mehr aus und läuft aus der Wohnung.

Am nächsten Morgen holt Katharina Jana nicht ab, und Jana holt Katharina nicht ab. Beide gehen den Weg zur Schule allein. Auch auf dem Schulhof macht jede einen großen Bogen um die andere. Katharina geht sogar auf die Toilette, bis es läutet.

Als sie ins Klassenzimmer kommt, ist es dort mucksmäuschenstill, obwohl Frau Biller noch nicht da ist.

„Schau mal zur Tafel!" ruft jemand.

Katharina dreht den Kopf und liest:

Einen Augenblick steht sie stocksteif an der Tür und starrt wie gebannt auf die drei Worte in dem Herz. Dann läuft sie zur Tafel und verwischt die Namen und das Herz mit der Hand. Gleichzeitig beginnen die ersten Kinder zu tuscheln und zu kichern.

Katharina dreht sich blitzschnell um und sucht Janas Augen.

Jana sieht nicht weg, sie ist auch überhaupt nicht verlegen. Im Gegenteil, sie grinst Katharina schadenfroh an. Dann sagt sie zu den anderen: „Katharina ist verliehiebt, Katharina ist verliehiebt!“ Und alle stimmen mit ein.

„Du bist ganz gemein!“ schreit Katharina Jana an und läuft zur Tür – Frau Biller genau in die Arme.

„Hoppla!“ sagt Frau Biller. „Wo willst du denn hin?“

„Weg“, sagt Katharina und will an Frau Biller vorbei.

„Halt, halt!“ Frau Biller hält Katharina am Arm fest. „Du kannst nicht einfach weglaufen. Wir haben jetzt Unterricht. Setz dich bitte an deinen Platz. Eure Streitigkeiten könnt ihr meinetwegen in der Pause austragen.“

Katharina trottet zu ihrem Platz, läßt sich auf ihren Stuhl fallen und vergräbt den Kopf in den Armen. Sie will nichts mehr sehen und hören.

Warum strengt sich Marcel so an?

Marcel ist ein stiller Junge, der einen ganzen Nachmittag allein in seinem Zimmer spielen kann. Als er noch kleiner war, freuten sich seine Eltern über ihren braven Jungen.

Heute ist das anders. Sein Vater nennt ihn manchmal sogar einen Stubenhocker. Aber das ist Marcel nicht. Er ist auch oft draußen bei den anderen Kindern, nur ist er eben nicht so laut und wild wie manche. Und er ist kein so toller Sportler wie sein Vater. Der spielt noch immer in der ersten Mannschaft Fußball, obwohl er schon zweiunddreißig ist. Im Tennis ist er seit Jahren die Nummer eins in seinem Club. Und zweimal in der Woche fährt er mit dem Rennrad durch die Gegend, damit er fit bleibt.

„Mit acht Jahren habe ich schon in der Landesauswahl gespielt“, sagt er. „Und wo spielst du?“

Marcel spielt in der E-Jugend des FC Winterlingen. Aber er wird nur eingesetzt, wenn mindestens drei andere nicht spielen können. Das kommt allerdings ganz selten vor, und Marcel ist froh darüber. Er spielt sowieso nur Fußball, weil er seinem Vater eine Freude machen möchte. Aber sosehr er sich im Training auch anstrengt, er wird einfach nicht so gut wie die andern.

„Aus dir wird nie ein Fußballer“, sagt der Vater vorwurfsvoll. „Du bist viel zu ängstlich. Vielleicht versuchen wir es lieber mit Tennis. Da ist ja ein Netz zwischen dir und deinen Gegnern. Dann kann dir keiner etwas tun.“

Die Sticheleien seines Vaters tun Marcel weh. Aber wenn er deswegen weint, lacht ihn sein Vater aus. Und das tut noch mehr weh. Also weint Marcel schon lange nicht mehr, wenn sein Vater dabei ist.

Auch auf dem Tennisplatz weint Marcel nicht, obwohl ihm oft danach zumute ist. Denn sein Vater meckert die ganze Zeit an ihm herum: „Beweg dich schneller! Du sollst den Schläger anders halten! Steh nicht so steif wie ein Stock herum! Du mußt den Ball anschauen!“

Marcel strengt sich wirklich an und gibt sein Bestes. Aber das genügt seinem Vater nicht.

„Du hast einfach kein Gefühl für den Ball“, sagt er. „Manchmal glaube ich, du hast Angst vor dem Ball. Dabei spiele ich dir so langsam zu wie einem Baby.“

Marcel spürt, wie die Tränen in ihm wachsen. Er schluckt ein paarmal, beißt auf die Zähne und schafft es wieder, das Weinen zu unterdrücken.

Nach einem Vierteljahr Training gibt der Vater es auf, obwohl Marcel wirklich Fortschritte gemacht hat. Das sieht sein Vater zwar auch, aber ihm geht alles viel zu langsam.

„Wenn du dich nur in diesem Tempo verbesserst, kannst du vielleicht in zwanzig Jahren einigermaßen Tennis spielen.“

„Ich will ja gar nicht Tennis spielen“, entgegnet Marcel.

„Warum hast du das nicht gleich gesagt?“

„Du hast mich ja nicht gefragt“, antwortet Marcel. „Dich interessiert doch gar nicht, was ich will.“

Der Vater steht am Netz und guckt Marcel an. „Soll ich dir sagen, was du willst? Den ganzen Tag zu Hause herumsitzen und nichts tun. Aber das werde ich nicht zulassen. Mein Sohn wird kein Stubenhocker, das ist sicher.“

„Aber ich werde auch kein Fußballer und kein Tennisspieler, das ist auch sicher!“ ruft Marcel. „Und kein Handballer und kein Radfahrer und kein Nichts!“

Marcel hat Tränen in den Augen. Doch diesmal schluckt er sie nicht hinunter. Er beißt auch nicht auf die Zähne. Nein, er läßt die Tränen einfach laufen.

„Und heulen tu’ ich auch, wenn ich will. Daß du es bloß weißt“, sagt er noch. Dann dreht er sich um, geht vom Platz und läßt seinen Vater einfach stehen.

Der schaut seinem Sohn verdattert hinterher.

Warum sind Anne, Lisa und Miriam nicht ehrlich?

In der großen Pause schlendern Anne, Lisa und Miriam über den Schulhof. Franziska schließt sich ihnen an und hört gerade noch, wie Anne fragt: „Gehen wir heute nachmittag ins Freibad?“

„Au ja!“ sagt Franziska. „Ich komme mit.“

Den andern drei sieht man deutlich an, daß sie davon nicht gerade begeistert sind.

„Ich weiß noch nicht, ob ich ins Freibad kann“, sagt Lisa und zwinkert Miriam zu.

Die versteht sofort, was Lisa meint, und sagt schnell: „Ich auch nicht.“

Dann reden die drei über etwas anderes. Franziska geht neben ihnen her und hört zu.

Nach der Schule fragt Franziska die drei noch einmal: „Wie ist es, gehen wir nun ins Freibad?“

Anne zieht die Schultern hoch.
„Wahrscheinlich nicht“, murmelt Lisa.
Aber sie gehen doch. Als Franziska kurz nach zwei ins Freibad kommt, entdeckt sie die drei auf der Liegewiese.

„Hallo! Ihr seid ja doch gekommen“, sagt sie und legt ihre Badematte neben die von Anne.
Anne rückt ein bißchen weg.

Franziska tut so, als hätte sie es nicht gemerkt, und fragt: „Wart ihr schon im Wasser?“

„Nö“, antwortet Lisa.

„Geht ihr mit rein?“

„Keine Lust“, murmelt Miriam.

„Ich eigentlich auch noch nicht“, sagt Franziska und legt sich hin. Sie schielt zu den anderen hinüber und sieht, wie sie tuscheln.

Plötzlich springen alle drei wie auf Kommando hoch und laufen zum Schwimmbecken.

Im ersten Augenblick will Franziska hinter ihnen herlaufen. Aber dann bleibt sie doch liegen. Sie legt das Handtuch über den Kopf. So sieht sie wenigstens niemanden mehr. Und die anderen sollen sie auch nicht sehen.

Obwohl die Sonne brennt, friert Franziska auf einmal. Warum wollen Anne, Lisa und Miriam nicht mit ihr zusammensein? Franziskas Bauch tut weh, in ihrer Brust zieht etwas und sticht. Ihre Augen fangen an zu brennen.

Nachdem Franziska eine Weile so gelegen hat, wischt sie mit einem Zipfel des Handtuchs die Tränen ab. Dann nimmt sie es vom Kopf, rollt ihre Badematte zusammen und geht.

Auf dem Weg zum Ausgang sieht sie Anne, Lisa und Miriam im Wasser herumtollen. Da spürt sie wieder diesen dumpfen Schmerz in Bauch und Brust.

Franziska fängt an zu laufen. Dabei rempelt sie einige Badegäste an. Aber das ist ihr völlig gleichgültig. Sie will nur noch weg. Schnell und weit weg von Anne, Lisa und Miriam.

Warum weint Mama?

Vanessa spielt mit ihrem kleinen Bruder Daniel im Kinderzimmer. Sie bauen mit den Bauklötzen einen hohen Turm. Daniel will ihn umstoßen, aber Vanessa hält ihren Bruder fest. „Warte, wir bauen ihn noch ein Stück höher.“

Sie legen noch mehr Bauklötze oben drauf. Bis der Turm sich langsam zur Seite neigt.

„Jetzt!“ ruft Daniel.

Beide halten den Atem an. Und als der Turm polternd einstürzt, kreischt Daniel vor Vergnügen.

„Noch mal“, sagt er.

Sie fangen wieder an zu bauen.

Plötzlich sagt Vanessa: „Sei mal still, Daniel.“

Die beiden sehen sich an und lauschen. Sie hören Mama und Papa reden. Ziemlich laut.

„Die streiten“, sagt Daniel. „Dann ist Mama nachher wieder traurig.“

„Pssst“, macht Vanessa. Sie öffnet die Tür ein wenig, weil sie verstehen möchte, worüber ihre Eltern streiten.

Daniel drückt die Tür zu. „Das will ich nicht hören!“

„Aber ich“, sagt Vanessa und zieht die Tür wieder auf.

Da hält sich Daniel die Ohren zu und fängt an zu singen. „Hänschen klein geht allein in die weite Welt hinein …“

Vanessa boxt ihn in die Seite. „Sei still!“

Daniel ist nicht still. Im Gegenteil, er singt noch lauter: „… Stock und Hut stehn ihm gut, ist auch wohlgemut …“

Vanessa läßt ihren Bruder singen und schleicht hinaus auf den Flur zur Treppe. Da sieht sie gerade noch, wie Papa zur Wohnungstür geht und sie hinter sich zuknallt. Vanessa zuckt zusammen. Sie steht wie angewurzelt an der Treppe. Bis Daniel sie anstupst und fragt: „Streiten sie nicht mehr?“

„Papa ist weggegangen“, murmelt Vanessa.

„Wohin?“

„Weiß ich doch nicht.“

„Und Mama?“

Vanessa antwortet nicht. Sie möchte zu Mama, traut sich aber nicht. Bestimmt weint Mama jetzt, und das tut Vanessa tief drinnen weh. Es tut so weh, daß sie auch weinen muß.

Daniel geht an seiner Schwester vorbei in Richtung Wohnzimmer und schiebt die Tür einen Spalt weit auf. „Mama weint“, flüstert er. Dann macht er die Tür ganz auf, läuft zu Mama und kuschelt sich an sie. Mama wischt die Tränen weg und legt einen Arm um Daniel. Da kommt auch Vanessa angelaufen und drückt sich von der anderen Seite an Mama. Mama streichelt ihr liebevoll über den Kopf. Lange bleiben sie so aneinandergekuschelt und reden gar nichts.

„Warum bist du traurig, Mama?“ fragt Daniel dann. „Hat Papa uns nicht mehr lieb?“

Mama drückt ihre Kinder fester an sich. „Wie kommst du denn darauf? Natürlich hat Papa euch lieb.“

„Warum hast du dann geweint?“ fragt Vanessa.

„Weil Papa mich manchmal nicht versteht und einfach geht, wenn's Probleme gibt“, antwortet Mama.

„Was für Probleme?“ fragt Vanessa.

„Papa möchte im Urlaub eine Reise nach Afrika machen. Ich habe ihm gesagt, daß ihr dafür noch zu klein seid. Das will er nicht kapieren, das ist alles.“

Vanessa spürt, daß da noch etwas anderes

ist. Wegen der Reise nach Afrika hätte Mama nicht so geweint. Hat Papa Mama weh getan? Vielleicht hat Papa Mama nicht mehr lieb. Vielleicht kommt er gar nicht mehr zurück.

In Vanessas Kopf wirbeln die Gedanken durcheinander. Sie möchte Mama helfen, weiß jedoch nicht, wie.

Papa muß wieder zurückkommen. Dann werde ich ganz lieb sein. Und Daniel auch. Daß Papa wegen uns nicht mehr mit Mama streitet. Und daß er nicht mehr weggeht.

Als Papa wieder nach Hause kommt, liegen Daniel und Vanessa schon lange im Bett. Daniel schläft, aber Vanessa ist noch wach. Sie muß die ganze Zeit an Mama und Papa denken. Dabei kommen ihr immer wieder die Tränen.

Plötzlich hört Vanessa ihre Eltern unten reden.

Wenigstens ist er wieder da, denkt sie erleichtert. Und streiten tun sie auch nicht. Vielleicht haben sie sich doch noch lieb. Mit diesem Gedanken schläft sie ein.

Warum ist Paul heute anders?

Im Innenhof des Wohnblocks spielen ein paar Kinder Himmel und Hölle. Da kommt Paul angelaufen. „Darf ich mitspielen?“ fragt er.

„Wenn wir wieder neu anfangen, kannst du mitmachen“, antwortet Johannes.

Paul stellt sich zu den Kindern und summt ein Lied vor sich hin. Tina guckt ihn von der Seite an und fragt: „Was ist denn mit dir los? Warum bist du denn so fröhlich? Gestern warst du doch noch ganz traurig.“

„Gestern war auch ein blöder Tag“, antwortet Paul. „Papa hat beim Bügeln nicht aufgepaßt und ein Loch in meine Lieblingsjeans gebügelt. Dann mußte ich so eine doofe Hose anziehen, die ich überhaupt nicht mag. In der Schule hat mich unser Sportlehrer ausgelacht, weil ich kein richtiges Rad schlagen konnte. Die ganze

Stunde mußte ich Radschlagen üben und durfte beim Fußballspielen nicht mitmachen."

„Das ist ja doof", meint Johannes. „Es muß doch nicht jeder Räder schlagen können."

„Ein richtiger Junge kann das, hat unser Sportlehrer gesagt."

„Dann bin ich auch kein richtiger Junge", gesteht Kevin. „Ich kann nämlich auch kein Rad schlagen."

„Aber ich", sagt Melanie. Sie nimmt kurz Anlauf, springt von den Füßen auf die Hände und schlägt ein Rad nach dem andern. „Dann bin ich wohl ein richtiger Junge, was?"

Die Kinder lachen.

„Und wegen der kaputten Jeans und deinem doofen Sportlehrer warst du gestern so traurig?" fragt Tina.

„Auch“, antwortet Paul. „Aber das war ja noch nicht alles. Am Wochenende wollten wir meine Großeltern besuchen. Darauf habe ich mich schon lange gefreut. Und gestern hat Oma angerufen und gesagt, daß Opa krank geworden ist.“

„Schlimm?“ fragt Tina.

Paul schüttelt den Kopf. „Nur eine Grippe. Aber er liegt im Bett und will keinen Besuch.“

„Dann könnt ihr vielleicht schon nächste Woche zu ihm fahren“, meint Tina.

Paul nickt. „Das hat meine Mama auch gesagt. Und mein Papa kauft mir heute noch eine neue Jeans. Genau die gleiche wie meine Lieblingsjeans.“

„Und ich zeige dir, wie man ein Rad schlägt“, sagt Melanie. „Wenn du willst.“

„Mir auch“, sagt Kevin.

Melanie erklärt und zeigt alles ganz langsam. Sie sagt, worauf man besonders achten muß. Dann geht's los.

Pauls Räder sind am Anfang ziemlich wackelig, doch von Mal zu Mal wird es besser. Paul strahlt über das ganze Gesicht.

„Na, siehst du“, sagt Melanie. „Kein Grund mehr, traurig zu sein.“

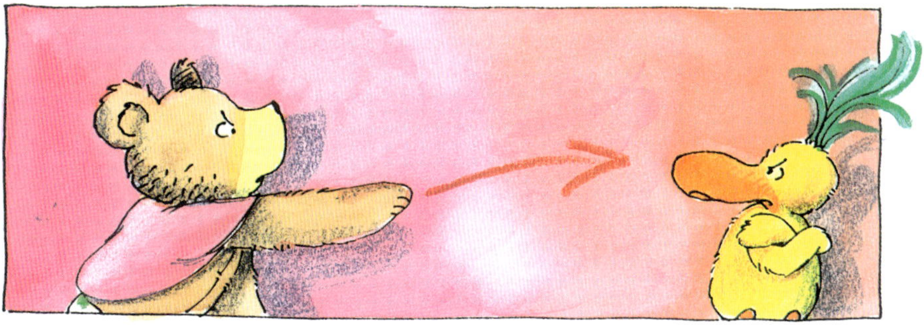

Warum ist immer Sarah schuld?

Papa findet seinen besten Kugelschreiber nicht. Obwohl Sarah und Tobias zusammen am Tisch sitzen, verdächtigt er zuerst einmal Sarah.

„Ich hab' ihn nicht genommen“, sagt Sarah.

„Du verlegst doch immer alles“, behauptet Papa. „Letzte Woche war es meine Schere, gestern war es mein Kleber, und heute ist es mein Kugelschreiber.“

„Aber diesmal war ich es ganz bestimmt nicht“, beteuert Sarah. „Ehrenwort.“

„Das sagst du jedesmal“, brummt Papa.

Jetzt wird Sarah wütend. „Warum fragst du mich überhaupt noch, wenn du eh schon weißt, daß ich es war?“

„Schluß jetzt!“ sagt Papa. „Erst meinen besten Kugelschreiber verschlampen und dann auch noch unverschämt werden. Das ist der Gipfel!“

Sarah würde Papa am liebsten ins Gesicht schreien, wie gemein er ist. Aber das traut sie sich nicht. Statt dessen läuft sie heulend in ihr Zimmer.

Als sie im Bett liegt, schwirren viele Gedanken durch ihren Kopf: Papa mag mich gar nicht mehr. Immer schimpft er mit mir, auch wenn ich nichts getan habe. Immer bin ich schuld, nie Tobias. Papa hat ihn bestimmt lieber als mich. Ich glaube, Papa wollte mich gar nicht haben. Und am liebsten möchte ich überhaupt nicht mehr dasein.

Sarah drückt ihren Schmusebär fest an sich und flüstert ihm ins Ohr: „Wir zwei gehen fort von hier. Wenn Papa dann von der Arbeit nach Hause kommt, wird er fragen: ‚Wo ist denn Sarah?‘ Mama wird weinen und sagen: ‚Sie ist fortgegangen.‘ Dann wird Papa bestimmt auch traurig sein und weinen. Aber das geschieht ihm recht, weil er immer so gemein zu mir ist.“

Sarahs Tränen werden langsam weniger. Aber in der Brust bohrt es weiter: Papa glaubt mir nicht. Er hat mir gar nicht zugehört. Warum macht er das?

Plötzlich geht die Tür auf, und Papa kommt herein. Er setzt sich auf Sarahs Bett. Sarah dreht den Kopf zur Wand.

„Ich habe den Kugelschreiber in meinem Schreibtisch gefunden“, gesteht Papa leise. „Tut mir leid, daß ich dich vorhin beschuldigt und geschimpft habe.“ Er streicht Sarah übers Haar. „Aber du mußt zugeben, daß du meine Sachen schon öfter verschlampt hast.“

Sarah reagiert nicht. Sie ist immer noch traurig. Ob Papa merkt, wie sehr er ihr weh getan hat?

„Es ist erst kurz nach sieben“, sagt Papa. „Komm doch noch ein Weilchen mit ins Wohnzimmer. Dann spielen wir etwas zusammen. Alle vier.“

Sarah weiß nicht recht, was sie tun soll. Im Bett bleiben oder mit Papa ins Wohnzimmer gehen? Sie kann sich nicht gleich entscheiden.

Warum sagt Lukas nichts?

Lukas' beste Freundin Jasmin ist in den Ferien an der Nordsee. Lukas verbringt deshalb viel Zeit mit Marvin, Paul und Hannes.

Einmal bauen sie in Marvins Garten eine Baumhütte. Zur Einweihung feiern sie ein kleines Fest mit Schokoküssen, Salzstangen und Limonade.

„Jetzt trinken wir Brüderschaft", schlägt Marvin vor. „Das macht mein Vater auch immer mit seinen neuen Freunden."

„Mit Limo?" fragt Hannes.

„Quatsch!" antwortet Marvin. „Aber mit Limo geht das auch."

Sie trinken reihum aus der Flasche. Dann schwören sie sich ewige Freundschaft und trinken noch einmal.

„Ich find's prima, daß wir jetzt so eine richtige

Bande sind“, sagt Marvin. „Wenn die Schule wieder anfängt, setzen wir uns alle nebeneinander.“

„Aber ich sitze doch neben Jasmin“, protestiert Lukas.

„Die ist doch ein Mädchen“, sagt Marvin.

„Na und?“ fragt Lukas.

„Mit Mädchen kann man nicht so tolle Sachen machen wie mit Jungen“, meint Marvin.

„So eine Baumhütte wie unsere könnten die nie bauen“, behauptet Hannes.

„Genau“, unterstützt Paul die beiden. „Mädchen spielen doch immer mit Puppen. Und sie heulen dauernd.“

„Aber Jasmin nicht“, verteidigt Lukas seine Freundin.

„Ich würde nie neben einem Mädchen sitzen“, sagt Marvin. „Da lachen einen die andern ja aus.“

Lukas sagt nichts mehr. Er hat Jasmin sehr gern, und er möchte ihr nicht weh tun. Aber Marvin, Paul und Hannes geben keine Ruhe, bis Lukas nickt. „Gut, ich setze mich zu euch.“

Am ersten Schultag gehen Jasmin und Lukas wie immer miteinander zur Schule. Aber Lukas fühlt sich nicht wohl in seiner Haut. Soll er Jasmin erzählen, daß er sich nicht mehr neben sie setzen wird? Dann ist sie bestimmt traurig.

„Hast du was?“ fragt Jasmin.

Lukas schüttelt den Kopf.

Bevor Jasmin noch etwas sagen kann, kommen Marvin, Paul und Hannes angelaufen. „Komm mit! Wir müssen dir etwas zeigen!“ rufen sie und ziehen Lukas von Jasmin weg.

„Lukas, was ist denn los?“ ruft Jasmin.

Lukas dreht den Kopf und schaut kurz zurück, läuft jedoch mit den andern weiter.

Jasmin versteht das alles nicht. Sie schaut den Jungen nach, bis sie hinter einem Haus verschwunden sind. Dann geht sie langsam weiter.

Die Klasse 2 a hat dieselbe Klassenlehrerin und dasselbe Klassenzimmer wie im ersten Schuljahr. Jasmin setzt sich ganz selbstverständlich an ihren alten Platz. Lukas geht an seinem alten Platz vorbei und schaut Jasmin dabei nicht an. Ihm ist richtig flau im Magen.

„Lukas, wo gehst du denn hin?" fragt Jasmin verwundert.

Lukas antwortet nicht. Dafür sagt Marvin: „Er sitzt jetzt bei uns, nicht mehr neben dir."

„Weil er nämlich nicht mehr neben einem Mädchen sitzen will", ergänzt Hannes.

Das kann Jasmin nicht glauben. Sie hat Lukas doch nichts getan. Vor den Ferien haben sie sich doch noch so gut verstanden. Warum sagt er denn nichts?

Lukas kann nichts sagen, selbst wenn er wollte. Ein dicker Kloß sitzt in seinem Hals. Und der rutscht den ganzen Vormittag nicht hinunter, obwohl Lukas immer wieder schluckt. Er wollte Jasmin doch nicht weh tun, und jetzt ist es doch passiert. Ob sie ihn überhaupt noch gern hat?

Nach Schulschluß wartet Lukas mit seinen neuen Freunden, bis Jasmin weg ist. Er schafft es einfach nicht, in ihre traurigen Augen zu schauen. Langsam trottet er nach Hause.

So geht das eine Woche, dann hält Lukas es nicht mehr aus. Er wartet im Treppenhaus, bis Jasmin vom Klavierunterricht kommt.

Als Jasmin ihn sieht, bleibt sie am Ende der Treppe stehen. Beide schauen sich lange nur an. Dann steigt Jasmin Schritt für Schritt die Treppe runter und setzt sich neben Lukas.

Warum ist Maxis Käfig leer?

Am Dienstagnachmittag geht Julia immer zu ihrer Freundin Annemarie zum Spielen. Als sie diesmal an der Haustür läutet, rührt sich nichts. Julia läutet noch mal – wieder nichts.

„Wo steckt sie denn?" murmelt Julia vor sich hin. Sie geht ums Haus herum, um nachzusehen, ob Annemarie im Garten ist. „Annemarie!" ruft Julia, doch sie bekommt keine Antwort. Julia ärgert sich und will wieder nach Hause. Da geht die Haustür auf.

„Warum läßt du mich denn so lange warten?" fragt Julia ziemlich bissig. „Ich hätte …" Plötzlich stockt sie, weil sie sieht, daß Annemarie weint.

„Was … was ist denn?" fragt Julia unsicher.

„Maxi ist tot", sagt Annemarie leise.

Julia schaut ihre Freundin mit großen Augen und offenem Mund an.

„Richtig tot?“ fragt sie nach ein paar Schrecksekunden.

Annemarie nickt.

Die beiden stehen sich stumm gegenüber. Julia weiß nicht, was sie sagen oder tun soll. Aber auf einmal gehen ihre Beine wie von selbst Schritt für Schritt auf Annemarie zu. Als sie ganz bei ihr ist, legt Julia einfach den Arm um Annemaries Schultern.

Es dauert eine ganze Weile, bis eine der beiden wieder etwas sagen kann.

„Kommst du mit rein?“

Julia nickt und nimmt den Arm von Annemaries Schultern. Dann gehen sie ins Haus.

Im Wohnzimmer sieht Julia sofort den leeren Meerschweinchenkäfig. „Wo … wo ist Maxi?“ flüstert sie.

„Dort“, antwortet Annemarie und zeigt zum blauen Sessel. Dabei schießen ihr wieder Tränen in die Augen.

Maxi liegt auf dem Sessel und rührt sich nicht. Während die beiden Mädchen ihn anschauen, kommt Annemaries Mutter mit einem Schuhkarton ins Zimmer.

„Grüß dich, Julia“, sagt sie. „Wir können es noch kaum glauben. Unser Maxi ist gestorben.“

Julia nickt.

Annemaries Mutter legt den toten Maxi vorsichtig in den Karton. Da muß auch Julia weinen.

„Warte“, sagt Annemarie und läuft in den Garten. Wenig später kommt sie mit ein paar Blumen zurück. Die legt sie neben Maxi in den Karton.

Ihre Mutter nimmt den Deckel und schließt den Karton. „Jetzt müssen wir Maxi begraben“, sagt sie.

Alle drei gehen in den Garten. Annemaries Mutter holt einen Spaten aus dem Geräteschuppen und gräbt neben dem Blumenbeet ein kleines Grab. In das Grab stellt sie den Karton.

Annemarie kniet sich auf den Boden und legt die Erde mit den Händen ganz vorsichtig auf den Karton. Julia kniet neben ihrer Freundin und hilft ihr dabei.

Die beiden türmen die Erde zu einem kleinen Grabhügel auf. Dann pflücken sie Blumen und stecken sie in den Hügel.

„Jetzt brauchen wir noch ein Kreuz“, meint Julia.

Annemarie schnieft. „Komm mit.“

Sie gehen in den Geräteschuppen. Dort finden sie eine schmale Holzlatte. Die sägen sie auseinander und binden die zwei Teile mit einer Schnur zu einem Kreuz zusammen. Annemaries Mutter hilft ihnen dabei. Mit einem schwarzen Filzstift schreibt Annemarie noch *Maxi* drauf.

Dann gehen sie zurück und stecken das Kreuz in den Grabhügel.

„Das ist ein schönes Grab“, flüstert Julia.

Annemarie sagt nichts. Sie setzt sich vor Maxis Grab ins Gras. Julia setzt sich dicht neben ihre Freundin. So dicht, daß sie einander spüren.

Manfred Mai, 1949 in Winterlingen geboren, wuchs auf einem Bauernhof auf. Als Kind machte er sich nichts aus Büchern und hatte mit der Schule auch nicht allzuviel im Sinn. Nach dem Schulabschluß begann er eine Malerlehre und arbeitete in einer Fabrik. Aber so recht glücklich war er dabei nicht. Er wurde immer unzufriedener und ging auf die Suche nach Neuem. In dieser Zeit entdeckte er, daß Bücher etwas Tolles sind. Er las und lernte viel, wurde Lehrer und schließlich Schriftsteller. Heute lebt Manfred Mai mit seiner Frau und zwei Töchtern im schönen Schwabenländle.

Dagmar Geisler wurde 1958 in Siegen geboren. In Wiesbaden studierte sie das Zeichnen, und direkt nach dem Studium fing sie an, für verschiedene Verlage Bücher zu illustrieren. Sie hat einen Sohn und lebt mit ihrer Familie in Bayern.

Die anderen Warum-Geschichten von Manfred Mai:

Beim Arzt und im Krankenhaus

Vom Schmusen und Liebhaben

Vom Streiten und Raufen

Wie es früher war

Im Zoo

In der Schule

Im Verkehr

Ausländer bei uns

Die Feuerwehr

Meine Zähne

Unsere Erde